Bethlehems Stern

von Hans-Jürgen Sträter

Impressum

Bethlehems Stern

von Hans-Jürgen Sträter

Herausgeber: Adlerstein Verlag Braunschweig

Verlag: BoD · Books on Demand GmbH, In de Tarpen 42,
22848 Norderstedt, bod@bod.de
Druck: Libri Plureos GmbH, Friedensallee 273, 22763 Hamburg
ISBN: 978-3-7693-2561-4

Ausgabe vom 1. Advent 2024

Bildnachweise: Coverbild, Seite 1 und 10 aus Wikipedia
                 Seite 14, 16, 22, 24 von Hans-Jürgen Sträter/Dall-E

Inhaltsverzeichnis   **Seite**

Vorwort

In der Weihnachtszeit wird seit Jahrhunderten und auf der ganzen Welt die Weihnachtsgeschichte vorgelesen.

Dazu gehört auch der Stern von Bethlehem, der Weise aus dem Morgenland zu dem neugeborenen Jesus führt.

Schon früh hatte mich das begeistert, es waren ja auch viele andere spannende und aufregende Momente damit verbunden.

Heute machen wir uns ganz andere Gedanken über das, was Matthäus in seinem Evangelium darüber berichtet. Wie viel Wahrheit bzw. Wunschdenken enthält diese so sehr bekannte Erzählung? Doch es kommt alleine auf die **Botschaft** von Weihnachten an: *„Also hat Gott die Welt geliebt, dass er seinen eingeborenen Sohn gab…“*.

So lesen wir es im Johannesevangelium 3,16. Und deshalb berührt uns die Geburt Jesu in einem einfachen Stall tief. Sie zeigt, dass nicht materielle Werte wichtig sind, sondern wie sehr wir uns Menschen nach Frieden und Freude sehnen. Deshalb wird das Evangelium Jesu auch **„Frohe Botschaft"** genannt. Und gerade in der aktuellen Situation, in der wir von dynamisch schlechteren Infos so zugeschüttet werden, hungert und dürstet eine jede Seele nach dem Guten und Schönen.

In unserem Büchlein wird „Bethlehems Stern" aus verschiedenen Perspektiven gesehen.

Zum einen wird das große Wunder der Sterne beleuchtet und zum anderen zeigt die Geschichte Bethlehems sowie die Parallelen zwischen dem Leben Jesu mit Josef und Mose den roten Faden, mit dem alles gewebt wird, damit sich Gottes Wille erfüllt. Er hat alle Menschen gleich lieb und will, dass allen! geholfen wird.

Dieses Bewusstsein kann uns jede Angst und Furcht vor der Zukunft nehmen und wird uns fröhlich machen.

So lasst uns das Weihnachtsfest nicht im Konsumrausch begehen, sondern in tiefer Dankbarkeit feiern – und uns gerne mit den Wundern der natürlichen und geistigen Schöpfung beschäftigen.

Und mögen wir für unsere Umgebung auch ein kleiner „Stern von Bethlehem" sein, der zu Jesus führt…

Braunschweig, Weihnachten 2024, der Verfasser

Stern, auf den ich schaue, Licht der ganzen Welt,

auch ihr Gott vertrauet, der die Nacht erhellt!

Brot, von dem ich lebe, Quell, an dem ich ruh,

Ziel, das ich erstrebe, alles, Herr, bist du.

Ohne dich, wo käme Kraft und Mut mir her?

Ohne dich, wer nähme meine Bürde, wer?

Ohne dich, zerstieben würden mir im Nu

Glauben, Hoffen, Lieben, alles, Herr, bist du.

Drum so will ich wallen meinen Pfad dahin,

bis die Glocken schallen und daheim ich bin.

Dann mit neuem Klingen jauchz ich froh dir zu:

nichts hab ich zu bringen, alles, Herr, bist du!

Text nach Adolf Krummacher

Die Weisen aus dem Morgenland

aus Matthäus 2, Lutherbibel 2017

Da Jesus geboren war zu Bethlehem in Judäa zur Zeit des Königs Herodes, siehe, da kamen Weise aus dem Morgenland nach Jerusalem und sprachen: „Wo ist der neugeborene König der Juden? Wir haben seinen Stern aufgehen sehen und sind gekommen, ihn anzubeten." Als das der König Herodes hörte, erschrak er und mit ihm ganz Jerusalem, und er ließ zusammenkommen alle Hohenpriester und Schriftgelehrten des Volkes und erforschte von ihnen, wo der Christus geboren werden sollte. Und sie sagten ihm: Zu Bethlehem in Judäa; denn so steht geschrieben durch den Propheten: „Und du, Bethlehem im Lande Juda, bist mitnichten die kleinste unter den Fürsten Judas; denn aus dir wird kommen der Fürst, der mein Volk Israel weiden soll." Da rief Herodes die Weisen heimlich zu sich und erkundete genau von ihnen, wann der Stern erschienen wäre, und schickte sie nach Bethlehem und sprach: „Zieht hin und forscht fleißig nach dem Kindlein; und wenn ihr's findet, so sagt mir's wieder, dass auch ich komme und es anbete."

Als sie nun den König gehört hatten, zogen sie hin.

Und siehe, der Stern, den sie hatten aufgehen sehen, ging vor ihnen her, bis er über dem Ort stand, wo das Kindlein war. Da sie den Stern sahen, wurden sie hocherfreut und gingen in das Haus und sahen das Kindlein mit Maria, seiner Mutter, und fielen nieder und beteten es an und taten ihre Schätze auf und schenkten ihm Gold, Weihrauch und Myrrhe. Und da ihnen im Traum befohlen wurde, nicht wieder zu Herodes zurückzukehren, zogen sie auf einem andern Weg wieder in ihr Land.

Als sie aber hinweggezogen waren, siehe, da erschien der Engel des Herrn dem Josef im Traum und sprach: „Steh auf, nimm das Kindlein und seine Mutter mit dir und flieh nach Ägypten und bleib dort, bis ich dir's sage; denn Herodes hat vor, das Kindlein zu suchen, um es umzubringen." Da stand er auf und nahm das Kindlein und seine Mutter mit sich bei Nacht und entwich nach Ägypten und blieb dort bis nach dem Tod des Herodes, auf dass erfüllt würde, was der Herr durch den Propheten gesagt hat, der da spricht: „Aus Ägypten habe ich meinen Sohn gerufen."

Weißt du, wie viel Sternlein stehen.

an dem blauen Himmelszelt?

Weißt du, wie viel Wolken gehen,

weithin über alle Welt?

Gott der Herr hat sie gezählet,

dass ihm auch nicht eines fehlet,

an der ganzen großen Zahl,

an der ganzen großen Zahl.

Weißt du, wie viel Tränen fließen

in das große Meer der Zeit?

Weißt du, warum Menschen schießen,

schaffen täglich neues Leid?

Gott der Herr trägt alle Schmerzen

und weint mit in seinem Herzen,

er hat jeden doch gleich lieb,

er hat jeden doch gleich lieb.

Text nach Wilhelm Hey

Unser Nachbarstern Proxima Centauri

Sternenwelten

Der Stern von Bethlehem aus der Weihnachtsgeschichte hat uns schon als Kinder sehr fasziniert. Das Licht war und ist uns sowieso überaus geheimnisvoll – und gerade in der dunklen Weihnachtszeit ist es etwas Besonderes. Denken wir an die Laternenumzüge, die Kerzen an den Weihnachtsbäumen, und da die Weihnachtszeit eigentlich erst am 2. Februar (Mariä Lichtmess) endet, gehört das Silvesterfeuerwerk selbstredend auch dazu.

Viele Wissenschaftler haben sich sehr viele Gedanken gemacht, was hinter dem Geheimniss steckt. War es vielleicht ein Komet, standen Jupiter und Saturn, von der Erde aus betrachtet, so nahe, dass ihr Leuchten verstärkt wurde oder sahen Menschen sogar eine Sternexplosion? Übrigens, Proxima Centauri ist der Stern, der unserem Sonnensystem am nächsten ist. Die Entfernung beträgt 4,427 Lichtjahre, das sind über 420 Billionen km.

So gewaltig sind die Entfernungen unseres Universums…

Manche fragen sich heute, wie weit ist Gott von uns entfernt, der doch das Weltall erschaffen hat? Doch durch Jesus Christus ist er Mensch geworden und uns sehr nah.

Nun stellt sich natürlich für uns die Frage, ob dieser Bericht von den Weisen aus dem Morgenland glaubwürdig oder der Phantasie der Menschen entspringt. Die Evangelien waren ja zuerst mündlich überliefert worden und erst viele Jahre später wurden sie aufgeschrieben. Es gab Übersetzungen in andere Sprachen und aus den verschiedenen Epochen kamen natürliche entsprechende Auslegungen sowie zahlreiche Interpretationen dazu.

Auch hier hilft uns ein Blick in Weltall. Wir können mit den modernen Weltraumteleskopen nicht nur 4 Lichtjahre entfernte Sterne beobachten, sondern auch Galaxien mit einer Distanz von zig Milliarden Lichtjahren Abstand erforschen. Wie viel Weltraumstaub etc. musste dieses Licht wohl durchqueren, damit es heute sichtbar wird?

Außerdem gibt es Himmelskörper, die eine millionenfache Masse unserer Sonne haben…

Mit dem Evangelium Jesu Christi ist es genauso. Es hat eine so immense Strahlkraft, dass es uns trotz des 2.000 Jahre langen Abstands, trotz der vielen Übersetzerfehler, immer noch hell und klar, voller göttlicher Kraft und Fülle, in unsere Herzen leuchten kann!

Wenn wir uns mit Bethlehems Stern beschäftigen und ihn zum Anfang der überlieferten Weihnachtsgeschichte sehen, egal, ob es ein historischer Bericht oder ob es eine orientalisch ausgeschmückte Erzählung ist, muss man auf die Sterndeuter aus dem Morgenland eingehen.

Damals gab es keinen Unterschied zwischen Astrologie und Astronomie. Die genaue Beobachtung der Sterne war in dem „Morgenland", wo man nicht an den Gott des Alten Testamentes glaubte, Basis der Sterndeutung. Matthäus berichtet, dass der Stern für die Weisen so hell leuchtete, dass er ihnen die Geburt eines Königs anzeigte. Zugleich führte dieses göttliche Zeichen sie direkt zum Geburtsort. Deshalb waren ihre Geschenke, Weihrauch, Gold und Myrrhe ausgesprochen kostbar. Verständlicherweise suchten sie das Neugeborene zuerst im Königshaus, was Herodes von Grund auf erschreckte. Dieser rief seine Schriftgelehrten zusammen, die ihn auf die kleine Stadt Bethlehem hinwiesen.

Bethlehem, ein Stern im Alten Testament

Bethlehem hat übrigens für das Jüdische Volk eine ganz wichtige Bedeutung. Hierzu können wir bei Wikipedia folgende Informationen finden:

„Der Ort (Bethlehem) wird in der Bibel erstmals im ersten Buch Mose, 35,19 erwähnt. Dort heißt es, dass Jakobs geliebte Frau Rahel „an der Straße nach Efrata, das jetzt Betlehem heißt", begraben wurde (vgl. auch 1. Buch Mose 48,7). Nach der Eroberung Kanaans durch die israelitischen Stämme fiel das Städtchen dem Stamm Juda zu (Josea 15,59; 1. Chronik 4,22). Auch das Geschehen aus dem Buch Ruth (eine Vorfahrin von Jesu) spielt sich zu einem großen Teil in Betlehem ab und sowohl Ruths erster Schwiegervater Elimelech wie auch ihr späterer Mann Boas (Ruth 2,4) kamen aus diesem Ort (Ruth 1,1) Ruth zieht mit ihrer ersten Schwiegermutter Noomi nach Bethlehem (Ruth 1,19.22), wo sie mit Boas eine Familie gründet (Ruth 4,11).

Betlehem war nach 1 Sam 16,1 der Herkunftsort Davids, wo auch der erwartete Messias als Nachkomme („Sohn") Davids zur Welt kommen sollte (Micha 5,1). *Achtung: über diese Bibelstelle wurde Herodes von* *seinen Schriftgelehrten informiert). In diesem Vers wird es als „Betlehem-Efrata" bezeichnet, um es von einem anderen Ort mit Namen Bethlehem zu unterscheiden, der im Stammesgebiet von Sebulon. ca. 11 km westnordwestlich von Nazareth, lag (Josua 19,15). "*

Die Bibel berichtet, dass die Weisen aus dem Orient den neugeborenen Jesus fanden, doch es wurde ihnen im Traum befohlen, nicht mehr zu Herodes zurückzugehen.

Fluchtpunkt Ägypten

Auch dem Josef erschien ein Engel im Traum, dass er nach Ägypten fliehen sollte, weil Herodes Mordgedanken hatte. Für die kleine Familie waren die Geschenke der Weisen nun ein wirklich kostbarer Schatz und gaben den Flüchtlingen die Basis zum Überleben in Ägypten, bis sie nach Herodes Tod in ihre Heimat zurück konnten.

Gott ließ schon vorher Menschen besondere Wege gehen, die nicht einfach waren. Das hat z.B. auch Abraham, Jakob, Josef, Mose, David und viele andere erfahren. Und oft war damit sogar eine Flucht verbunden. Letztendlich verwandelte der liebende Gott jedoch alles Leid in einen großen und wunderbaren Segen!

Der Fluchtort (Ort der Rettung) „Ägypten" wird laut Wikipedia mehrmals im Alten Testament erwähnt:

<u>1. Abraham in Ägypten:</u>

„Als über das Land eine Hungersnot kommt, zieht Abraham mit seiner Sippe nach Ägypten. Weil seine Frau Sarai sehr schön ist und er befürchtet, dass die Ägypter ihn deshalb töten werden, gibt er sie als seine Schwester aus – was insofern auch stimmt, als sie seine Halb-

schwester ist (1. Mose 20,12). Kaum ist Abrahams Sippe in Ägypten angekommen, erfährt der Pharao von der schönen Frau und lässt sie holen. Ihrem vermeintlichen Bruder macht er große Geschenke. Als Gott daraufhin anfängt, den Pharao und sein Haus zu bestrafen, lässt dieser Abraham zu sich kommen und hält ihm seine Lüge vor. Er gibt ihm seine Frau zurück und lässt ihn mit allem, was ihm gehört, fortgeleiten (1. Mose 12). Von einer Rückgabe der Geschenke steht in der Bibel nichts geschrieben. Im nächsten Kapitel wird jedoch erwähnt, dass Abraham reich ist (1. Mose 13,2). "

2. Josef in Ägpten (1. Mose 46)

„Der vom Stammvater Jakob bevorzugte Sohn Josef träumt von Allmacht, d. h. davon, dass Eltern und Brüder sich ehrfürchtig vor ihm niederwerfen, und zieht sich damit den Hass seiner Brüder und die zumindest reservierte Reaktion des Vaters zu. Die Brüder versuchen, Josef in einer Zisterne zu ertränken; als das misslingt, wollen sie ihn verkaufen – letztlich kommt ihnen aber eine vorbeiziehende Karawane zuvor. Sie ist es, die Josef verkauft, so dass er nach Ägypten gelangt.

In Ägypten arbeitet Josef als Diener im Haus des Potifar und weil er ein gottesfürchtiger Mann ist, schenkt Gott ihm Gelingen in allem, was er tut. Potifars Frau wirft ein Auge auf Josef, wird mehrfach zudringlich. Als er sich der Frau des Potifar verweigert, beschuldigt sie ihn der versuchten Vergewaltigung.

Josef wird ins Gefängnis gesperrt. Dort kann er dank seiner Tüchtigkeit einen hohen Posten erreichen und macht sich einen Namen als Traumdeuter beim Oberbäcker und dem Obermundschenk des Pharao – beide ebenfalls eingekerkert. Josef sagt deren Schicksal richtig voraus, nachdem Gott es ihm offenbart hat. Als – nach weiteren zwei Jahren – auch der Pharao rätselhafte Träume hat, wird Josef auf Anraten des Obermundschenks geholt. Josef kann durch Gott auch diese Träume deuten: sieben Jahre des Überflusses und sieben Jahre der Hungersnot werden kommen. Josef wird zum Vizekönig erhoben, der die Krise bewältigen soll, und heiratet Asenat, die Tochter des Priesters von On.

Nach der Überflussperiode weitet sich die Hungersnot auch auf Palästina aus, ja sogar „auf die ganze Welt".

Die Brüder ziehen insgesamt zweimal zum Getreidekauf nach Ägypten, denn dort waren auf Josefs Anraten Vorratsspeicher angelegt worden. Die Brüder erkennen Josef nicht. Dieser prüft seine Brüder nach ihrer ersten Ankunft mit einem haltlosen Spionagevorwurf und erkennt bei der zweiten Reise der Brüder nach Ägypten durch deren Verhalten bei einer erneuten Prüfung, dass sie sich geändert haben: Sie stoßen nicht mehr einen einzelnen (der aktuell als Pfand eingekerkert worden war) aus ihrer Gemeinschaft aus. Josef gibt sich schließlich zu erkennen und fordert die Brüder auf, den Vater und die Großfamilie nach Ägypten zu holen. Die Hungersnot eskaliert. Josef kann mit drastischen Maßnahmen das Problem bewältigen und wird dafür von den Ägyptern gefeiert. Der Vater nimmt Josef den Eid ab, im Land seiner Väter begraben zu werden, segnet seine Söhne und Enkel und stirbt in Ägypten, wo er vom Pharao ein Staatsbegräbnis erhält und in das Land seiner Ahnen zurückgeführt wird. Josef und seine Brüder versöhnen sich. Josef bleibt bis zu seinem Lebensende in Ägypten, die Brüder bekommen als fruchtbares, wasserreiches Weideland Goschen, also das Nildelta, zugewiesen. "

Josef als Vorläufer von Jesus

Wer sich näher mit der Josefgeschichte beschäftigt, wird manche Parallelen zu dem Leben Jesu finden:

Josef war der geliebte Sohn seines Vaters (1. Mose 37,3) Ähnliches wird auch von Jesus gesagt (Johannes 1,18)

Wie Josef von seinem Vater zu den Brüdern gesandt wurde (1. Mose 37,13), so wurde auch Gottes Sohn zum Volk Israel geschickt (Matthäus 15,24).

Wie Josef (1. Mose 37,28) wurde auch Jesus für eine Handvoll Silberstücke an Heiden verkauft (Matthäus 29,14-16).

Joseph kam in eine Grube und ins Gefängnis, doch er blieb dort nicht gefangen. Jesus wurde ermordet und ins Grab gelegt, doch am dritten Tag stieg er als Sieger lebendig daraus hervor (Matthäus 27,57 bis 28,10).

Wie Josef in Ägypten Sicherheit fand, so fand auch Jesus als Kind Zuflucht in Ägypten (Matthäus 2,13).

In 1.Mose 40 war Josef von zwei Kriminellen umgeben und sagte dem einen den Tod und dem anderen seine Rettung vorher.

Ähnliches geschah auch Jesus am Kreuz (Lukas 23,43).

Dies ist nur eine Auswahl an Parallelen. Leicht lassen sich noch mehr finden. Interessant ist es, dass sie uns einerseits mehr Sinn in der alttestamentlichen Josefsgeschichte sehen lassen, andererseits auch Jesus deutlicher (weil menschlicher?) erkennbar wird. Sicher greift es zu kurz, alles in diesen Geschichten aufeinander zu beziehen, doch Parallelen sind definitiv vorhanden. Bis zum Schluss. Da sagt Josef im Rückblick auf sein Leben: „Ihr wolltet mir Böses tun, aber Gott hat Gutes daraus entstehen lassen." (1. Mose 50;20).

Und Jesus sagt uns vom Kreuz her zu: „Vater, vergib ihnen; denn sie wissen nicht, was sie tun!" Lukas 23,34).

Der Wille Gottes und seine Verheißungen werden letztendlich immer erfüllt!

Mose aus Ägypten

„Die Erzählung der Geburt des Mose befindet sich im 2. Mose 1-10, der keine Personennamen enthält und Moses Eltern dem Stamm Levi zurechnet.

Der Stammbaum des Mose wird im 2. Buch Mose 6,14-27 angegeben. Dieser Passus wird der priesterschriftlichen Redaktion zugerechnet und nennt Amram als Vater, dessen Tante Jochebed als Mutter und Aaron als Bruder des Mose (6,20; vgl. 4,14), die Schwester der beiden hieß Mirjam. Der Erzählung im 2. Mose 1–10 zufolge sei Mose nach seiner Geburt am Ufer des Nils ausgesetzt worden, die Tochter des Pharao habe ihn gefunden und eine hebräische Frau – die leibliche Mutter des Kindes – als Amme bestellen lassen. Nach der Stillzeit habe die Tochter des Pharao das Kind als Sohn angenommen und ihm den Namen Mose gegeben.“

Auch hier sind wieder Parallelen zu Jesus zu finden. Beide wollte der Herrscher töten. Später hatten Mose und Jesus einen göttlichen Auftrag zu erfüllen: **Erlösung von der Gefangenschaft Ägyptens** bzw. **Erlösung von der Gefangenschaft der Sünde.**

Jesus, Bethlehems Stern

Wie Jesus, wie alle Menschen haben auch Sterne eine Geburt gehabt. Im Weltall sammelten sich unvorstellbar große Mengen an Staub. Dann hat die Anziehungskraft ihn angezogen. Immer größer wurde der Staubklumpen und die Atome begannen, sich aneinander zu reiben. Durch die Reibungsenergie wurde es immer heißer. Als die Temperatur über eine Million Grad stieg, begann ein Atomkern sich mit einem anderen zu verschmelzen. Diese Kernfusion löste eine Kettenreaktion aus, und es entstand ein interstellares „Atomkraftwerk", das Energie in Form von Licht (mehrere Milliarden Jahre lang!) erzeugt. Nun sehen wir einen neuen Stern im Makrokosmos, der durch Reaktionen im Mikrokosmos entstand. Auch unsere Sonne gibt uns so Licht, Wärme und Leben.

Das ist auch ein Bild für die Geburt von Jesus Christus. In der Einfachheit einer Krippe, ausgegrenzt, und nur von wenigen Menschen wahrgenommen, wurde Gottes Sohn in der kleinen Stadt Bethlehem geboren. Das war ein ausgesprochener „Mikrokosmos". Und dieser Jesus hat anschließend nachhaltig die ganze Welt so geprägt, wie kein anderer. Und er hat stets auch in unsere Zukunft hin gewiesen, auf sein Wiederkommen und das Reich Gottes.

Jesus, der Morgenstern

Jesus wird in der Bibel als Morgenstern bezeichnet:

„Er kündigt „den Tag" an. Der Herr Jesus ist der glänzende Morgenstern und zeigt sich in diesem himmlischen Charakter den Gläubigen. Petrus spricht von dem Aufgehen des Morgensterns in den Herzen der Gläubigen, obwohl sie auf seine „Erscheinung" warten, wenn er als die Sonne der Gerechtigkeit scheinen und die vollen Segnungen auf der Erde einführen wird.

Prophetie ist ein Licht in dieser dunklen Welt in Bezug auf die Zustände hier und ein Beurteiler derselben. Aber im Gegensatz zur Beurteilung, sind der Tagesanbruch und der Morgenstern eine bessere Hoffnung, die nicht von denen gesehen wird, die nur dann auftauchen, wenn die Sonne erschienen ist, sondern für Heilige, die auf Christus warten, bevor er erscheint (2. Petrus 1,19; Offenbarung 2,28; 22,16; Maleachi 3,20). "

Zitat aus Bibelkommentare.de

Jesus bezeichnet sich selbst als „Licht der Welt":

„Ich bin das Licht der Welt. Wer mir nachfolgt, der wird nicht wandeln in der Finsternis, sondern wird das Licht des Lebens haben (Johannes 8,12)."

Das Licht von Bethlehems Stern leuchtet uns auch heute in vielen Spektralfarben und Perspektiven.

Die Schönste ist natürlich, wenn wir in Jesus Christus den „Stern Bethlehems", den „hellen Morgenstern" sehen können. Und Jesu wünscht sich auch von uns, dass wir „ein Licht" der Welt werden und sein Evangelium mit Freude bekennen. Ja wir sollen als „Kinder des Lichts" wandeln und ein lebendes Zeugnis der Liebe Gottes sein.

In Jesu Bergpredigt wird das sehr prägnant ausgedrückt:

„Man zündet auch nicht ein Licht an und setzt es unter einen Scheffel, sondern auf einen Leuchter; so leuchtet es allen, die im Hause sind. So lasst euer Licht leuchten vor den Leuten, damit sie eure guten Werke sehen und euren Vater im Himmel preisen Matthäus 5,15-16)."

Wie schön leuchtet der Morgenstern,

voll Gnad und Wahrheit von dem Herrn

uns herrlich aufgegangen, die süße Wurzel Jesse.

Du Sohn Davids aus Jakobs Stamm,

mein König und mein Bräutigam,

du hältst mein Herz gefangen.

Lieblich, freundlich

schön und prächtig,

groß und mächtig,

reich an Gaben,

hoch und wunderbar erhaben.

Philipp Nicolai (1597)